Grands Événements | numéro 21

LE CONGRÈS DE VIENNE,
VERS UN ÉQUILIBRE EUROPÉEN

— Tracer les contours
d'une Europe politique durable

par Bernard de Lovinfosse

50MINUTES

Avec la collaboration de Pierre Frankignoulle

LE CONGRÈS DE VIENNE

- **Quand ?** Du 1er novembre 1814 au 9 juin 1815.
- **Où ?** À Vienne (empire d'Autriche).
- **Contexte ?**
    - La fin des guerres napoléoniennes.
    - La restauration de la monarchie française.
- **Acteurs principaux ?**
    - Karl August, prince von Hardenberg, homme d'État prussien (1750-1822).
    - Charles Maurice de Talleyrand-Périgord, évêque de l'Église catholique puis homme politique français (1754-1838).
    - Robert Stewart, vicomte Castlereagh, homme d'État britannique (1769-1822).
    - Klemens, prince von Metternich-Winneburg, homme d'État autrichien (1773-1859).
    - Alexandre Ier de Russie (1777-1825), empereur de Russie à partir de 1801 et roi de Pologne à partir de 1815 jusqu'à sa mort.
    - Karl Robert, comte von Nesselrode, homme d'État russe (1780-1862).
- **Répercussions ?**
    - L'équilibre européen.
    - Le concert européen des nations.
    - La Restauration.
    - La création de la Sainte-Alliance.

La défaite de l'empereur des Français Napoléon Ier (1769-1821) à Leipzig en 1813 signe la fin de son hégémonie sur l'Europe et annonce la chute de son pouvoir et du régime politique qu'il incarnait. Au terme de cette bataille, les puissances victorieuses décident de mettre en place, par le biais de leurs représentants, un congrès à

Vienne dans l'idée de restaurer les régimes politiques existants en Europe avant la Révolution française de 1789. Mais les bouleversements engendrés par plus de 25 années de guerre entre des pays aux régimes politiques si différents sont tellement profonds qu'un simple retour au passé s'avère impossible. Ces nations se donnent alors pour objectif d'instaurer un équilibre durable entre les différentes puissances européennes, l'idée étant qu'aucune d'entre elles ne puisse jouir d'une trop grande influence sur les autres, comme c'était le cas pour la France.

Les alliés d'hier pourront-ils s'entendre, alors que tous sont animés par le désir de voir leur sphère d'influence s'étendre ? Quel est le prix à payer par la France pour obtenir la paix ?

CONTEXTE

LA FRANCE TOUTE-PUISSANTE EN EUROPE (1792-1814)

La Révolution française inquiète les monarchies européennes au point qu'elles envisagent de réagir pour l'étouffer dans l'œuf. L'Angleterre, l'Espagne, les Provinces-Unies, l'Empire autrichien, le Portugal et plusieurs principautés italiennes (Piémont, Sardaigne, Sicile) forment en 1792 une première coalition contre la France. Sentant la menace qui pèse sur elle, l'Assemblée nationale française déclare la guerre au Saint Empire le 20 avril 1792, mobilise ses troupes, mais ne peut empêcher une première invasion alliée. La victoire de Valmy le 20 novembre marque le coup d'arrêt de l'avancée alliée et le point de départ d'une série de succès militaires pour la France, qui l'amène à annexer plusieurs régions limitrophes. Les années 1793 et 1794 sont ainsi marquées par l'annexion de la Hollande et de la Rhénanie ainsi que par la fin des menaces à l'intérieur même du territoire français. Forte de ces victoires, l'armée française porte la guerre en Italie à partir de 1793, puis en Allemagne à partir de 1796. L'année suivante, la coalition est vaincue.

Une seconde se forme en 1798 avec les mêmes partenaires – excepté le Portugal et les Provinces-Unies – auxquels viennent s'ajouter les Empires russe et ottoman, ainsi que la Suède. Elle est dissoute lors du traité de Lunéville du 9 février 1801, qui confirme la France dans ses possessions et sa prépondérance sur l'ensemble du continent. La troisième coalition (Autriche, Prusse, Russie et Suède), financée par la Grande-Bretagne, se met en place le 11 avril 1805. Napoléon les défait à Austerlitz le 2 décembre, à la suite de quoi l'Autriche et la Prusse concluent séparément une paix avec la France au prix d'importantes pertes territoriales. Seuls le Royaume-Uni et la Russie poursuivent le combat.

La quatrième coalition se forme en octobre 1806 avec la Prusse, la Russie, la Grande-Bretagne et la Suède. Les deux premières sont vaincues lors de la campagne de Prusse et de Pologne, à la suite des victoires française d'Iéna, d'Auerstedt (14 octobre 1806), d'Eylau (8 février 1807) et du traité de Tilsit (7 et 9 juillet 1807). La guerre d'indépendance espagnole contre la France de 1808 aboutit à la formation de la cinquième coalition qui réunit la Grande-Bretagne, l'Autriche, la Sardaigne et la Sicile. Mais les alliés sont à nouveau défaits et la coalition est dissoute avec le traité de Schönbrunn (14 octobre 1809).

LA FIN DE L'EMPIRE

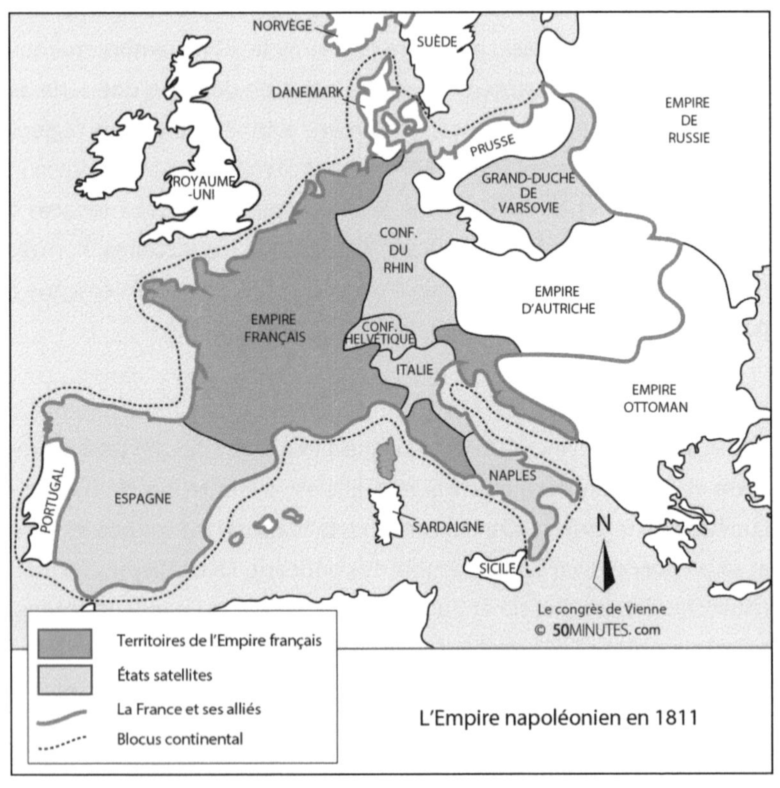

L'Empire napoléonien en 1811

Maître du continent européen, Napoléon met en place le Blocus continental à partir de 1806 afin de ruiner le commerce anglais. C'est pour contraindre le tsar à le suivre et éviter une invasion de la Pologne qu'il envahit la Russie en 1812. Devant la puissance de la Grande Armée, les Russes ne peuvent que reculer jusqu'à Moscou. Si la bataille de la Moskova (7 septembre 1812) se solde par une victoire française, l'armée russe n'est pas totalement vaincue. Napoléon entre dans Moscou que les Russes incendient le soir même, ce qui l'oblige à lancer la retraite. S'ensuivent une série de défaites militaires et d'importantes pertes humaines et matérielles : son armée est pratiquement décimée et il est obligé de poursuivre sa route vers l'Allemagne.

De leur côté, les monarchies européennes vaincues et humiliées lors des guerres précédentes relèvent la tête. Profitant de la situation, l'empereur d'Autriche François Ier (1768-1835), le roi de Prusse Frédéric-Guillaume III (1770-1840) et le tsar Alexandre Ier de Russie décident de fonder une nouvelle coalition, la sixième, en vue de restaurer définitivement la paix en Europe. Ils sont rejoints par l'ancien maréchal français Bernadotte, devenu deux ans plus tôt prince héritier de Suède (1763-1844) sous le nom de Charles Jean, par l'Espagne, le Portugal et quelques États allemands dont la Bavière. Les Britanniques soutiennent l'initiative en participant au financement des troupes.

En 1813, la campagne d'Allemagne, qui voit la victoire écrasante des coalisés à Leipzig, marque un tournant dans les guerres napoléoniennes. La dernière partie se joue avec la campagne de France qui commence au début de l'année 1814. Même si Napoléon parvient à gagner plusieurs batailles, il est vite débordé par des troupes alliées renforcées en hommes et en ressources, et ne peut éviter la défaite à Paris. Au printemps, le tsar, le roi de Prusse et le généralissime des armées autrichiennes font leur entrée dans la capitale française.

Talleyrand obtient du Sénat la déchéance de Napoléon et prend la tête d'un gouvernement provisoire chargé d'établir les principes généraux de l'acte constitutionnel plaçant Louis XVIII (1755-1824) sur le trône.

Quant à Napoléon, les puissances coalisées décident de l'exiler sur l'île d'Elbe, située à quelques kilomètres des côtes italiennes. Par l'armistice du 23 avril 1814, les Français renoncent à leurs conquêtes révolutionnaires et évacuent les places et ports occupés depuis le 1er janvier 1792. Un traité de paix, signé le 30 mai 1814, officialise ces renonciations et les alliés demandent également à la France d'indemniser le départ de leurs troupes encore présentes sur le territoire français. Si les alliés s'accordent rapidement sur les questions concernant la France, d'autres problématiques restent en suspens telles que l'avenir de la Pologne, le sort de certains alliés de Napoléon et la reconstitution des États pontificaux. C'est pourquoi le traité de Paris du 30 mai 1814 prévoit que les États engagés dans la guerre envoient des représentants à Vienne pour régler les questions non résolues.

DES AMBITIONS CONTRAIRES

Bien que les discussions commencent avant même la chute de Napoléon et se poursuivent à Paris puis à Londres au cours des festivités en l'honneur de leur victoire, la Grande-Bretagne, la Prusse, l'Autriche et la Russie ne parviennent pas à s'entendre. Les Britanniques réalisent en effet que le tsar Alexandre Ier désire intégrer la Pologne à son empire, pour ainsi réaliser le dessein de sa grand-mère, Catherine II (impératrice de Russie, 1729-1796), qui souhaitait étendre l'influence de la Russie jusqu'en Méditerranée. Mais cette ambition est contraire à l'objectif des Britanniques qui veulent maintenir un certain équilibre entre les puissances européennes et garder la maîtrise des mers. Cette aspiration russe est également contraire à l'idéal autrichien qui veut garantir la paix à ses frontières pour mieux reconstruire son économie. Metternich espère aussi restaurer l'influence de l'Autriche dans les territoires allemands. Se rejoignant sur certaines questions, Britanniques et Autrichiens décident de s'allier pour contrer les ambitions russes. Castlereagh et Metternich tentent de convaincre le représentant prussien, Karl August von Hardenberg, de se joindre à la coalition, mais le roi de Prusse Frédéric-Guillaume III veut assurer l'extension de son royaume en vue d'étendre son influence sur l'ensemble de l'Allemagne aux dépens de l'Autriche. Lorsqu'ils comprennent les convoitises de ce dernier, Castlereagh et Metternich sont contraints de chercher un nouvel allié. Entre-temps, le tsar rentre à Saint-Pétersbourg et la décision est prise de se retrouver à Vienne en automne.

KARL AUGUST, PRINCE VON HARDENBERG

Né à Essenrode le 31 mai 1750, Karl August von Hardenberg est juriste de formation. Originaire de la principauté de Hanovre, il est au service du roi de Prusse depuis 1791. Il gravit progressivement les échelons jusqu'au poste de Premier ministre qu'il quitte en 1806, puis qu'il réoccupe quatre ans plus tard avec un plan de redressement de son pays mûrement réfléchi. Après 1810, il conduit les réformes (réforme de l'administration, réforme militaire, etc.) qui permettent à la Prusse de prendre part à la victoire finale contre Napoléon. Sa politique mêle à la fois la détente avec la France et la préparation de la revanche militaire.

D'un esprit réaliste mais non dénué de fortes convictions sur le rôle de son pays en Europe, il arrive à Vienne le 17 septembre et doit composer avec Wilhelm von Humboldt (diplomate et historien prussien, 1767-1835), arrivé en éclaireur avant lui. Au congrès de Vienne, c'est avec eux que le tsar conclut un pacte qui accorde à la Prusse les divers agrandissements souhaités en Saxe et en Rhénanie en échange de la Pologne. Partisan d'une Allemagne unie sous une constitution fédérale, il poursuit sa carrière politique après le congrès, mais se fait mettre à l'écart des grandes décisions tant ses idées sont jugées avant-gardistes. Épuisé, il décède à Gênes le 26 décembre 1822.

CHARLES MAURICE DE TALLEYRAND-PÉRIGORD

Né à Paris le 2 février 1754 au sein de l'une des plus prestigieuses familles françaises de son temps, le prince Charles Maurice de Talleyrand-Périgord est orienté vers la carrière ecclésiastique en vue de succéder à son oncle, archevêque de Reims. Ordonné prêtre en 1779, il devient neuf ans plus tard évêque d'Autun. Durant la Révolution française, il renonce à sa charge ecclésiastique et redevient simple laïc pour gravir les échelons de la carrière politique sous les régimes successifs que connaît la France dès 1789, tout en évitant les moments les plus dangereux de cette période.

Le coup d'État du 18 brumaire an VIII (9 novembre 1799) le propulse à la tête des relations extérieures, au service de Napoléon Bonaparte, où il tâche de mettre en œuvre une politique d'apaisement avec les cours européennes. Il manœuvre les Italiens pour qu'ils acceptent d'élire Bonaparte à la tête de la République italienne et mène la réforme du ministère des Affaires étrangères. Au terme de la campagne d'Autriche, il fait tout pour adoucir les conditions de paix imposées à cette dernière puissance, notamment par des rabais et des délais sur les conditions financières.

Le 12 juillet 1806, il signe le traité instaurant la Confédération du Rhin, qui rassemble les États allemands sous l'influence française, projet qu'il a mis en place pour satisfaire à la volonté de Napoléon. Mais il se montre de plus en plus critique envers la politique guerrière de ce dernier. Il entretient même une relation suivie avec la cour autrichienne dans l'espoir d'un rapprochement. En 1807, après la victoire de Napoléon sur la Prusse et la Russie, il se retire des Affaires étrangères tout en conservant auprès de l'empereur un rôle de conseiller. En 1808, il le charge de le seconder à l'entrevue d'Erfurt avec le tsar Alexandre Ier. Réalisant le danger que représenterait une alliance franco-russe pour l'équilibre européen et les idées révolutionnaires, il déconseille secrètement à Alexandre Ier de se rapprocher de Napoléon. Son intégrité politique sauvegardée par ce geste permet à son influence de survivre à la chute de Napoléon.

Nommé en 1814 au Conseil de régence, il négocie la capitulation de l'armée française face aux alliés aux portes de Paris et plaide le retour de la dynastie monarchique des Bourbons devant le tsar et le roi de Prusse. Mandaté à Vienne en 1814 par le roi Louis XVIII en vue de défendre les intérêts de la France, Talleyrand parvient habilement à remettre la France sur un pied d'égalité face aux vainqueurs.

Dans les années qui suivent, il se retire progressivement de la vie politique tout en conservant une influence qui dépasse les frontières nationales. Cet homme politique qui a participé à tous les régimes depuis la Révolution française jusqu'à la Restauration décède à Paris le 17 mai 1838.

ROBERT STEWART, VICOMTE CASTLEREAGH

Né à Dublin le 18 juin 1769, Robert Stewart, vicomte Castlereagh, est un diplomate britannique. À peine sorti de l'université de Cambridge, il devient parlementaire à 21 ans puis occupe différentes fonctions au sein des gouvernements qui dirigent l'Angleterre dans les premières années du XIXe siècle.

En 1812, il est secrétaire au *Foreign Office* – l'équivalent anglais du ministre des Affaires étrangères –, poste qui l'amène à jouer un rôle décisif dans le soulèvement de l'Europe contre Napoléon. Désireux de préserver l'équilibre européen, il voit avec horreur les mesures prises par la France en vue de se créer un empire. Selon lui, les traditions politiques de la France, sa force militaire et son goût de l'aventure en font un réel danger. Toutefois, il pense que c'est en l'intégrant dans le jeu politique européen qu'elle peut être neutralisée et utilisée pour s'opposer aux ambitions russes qui menacent elles aussi l'équilibre européen. Plénipotentiaire britannique au congrès de Vienne, il sera remplacé dans sa charge au cours de l'année 1815 par Arthur Wellesley, duc de Wellington (général et homme politique britannique, 1769-1852). Il retrouve alors sa charge de secrétaire d'État aux Affaires étrangères.

Vraisemblablement atteint de paranoïa, il met fin à sa vie le 12 août 1822 dans sa propriété du Kent.

KLEMENS, PRINCE VON METTERNICH-WINNEBURG

Né à Coblence le 15 mai 1773 au sein d'une famille de haute noblesse rhénane, le prince Klemens von Metternich est juriste de formation. Fort d'une carrière politique marquée par la lutte contre Napoléon, il occupe au moment des faits la fonction de chancelier de cour et d'État, et de ministre des Affaires étrangères de l'empire d'Autriche. Sa fonction d'ambassadeur à Paris lui a permis de développer de bonnes relations avec Bonaparte et Talleyrand, relations qu'il utilise pour modérer les exigences françaises lors de la défaite de la sixième coalition.

Durant sa présidence du congrès de Vienne, il est animé par le désir de redonner à l'Autriche une position centrale au sein d'une Europe équilibrée. Il n'entend cependant pas mettre l'Autriche seule à la tête du continent, mais souhaite créer une organisation qui donnerait le pouvoir à quelques grandes puissances capables de se neutraliser les unes les autres et d'imposer l'ordre aux éventuels perturbateurs. Il veut intégrer la Vénétie et la Lombardie à l'espace autrichien, de même que les provinces illyriennes (Croatie et Slovénie), et modérer les élans expansionnistes de ses voisins. S'il s'accorde avec le ministre britannique sur la question du retour des Bourbons sur le trône de France, ses relations avec le tsar sont mauvaises. Son rejet du nationalisme allemand à la prussienne et sa méfiance envers les visées territoriales du tsar le poussent à se rapprocher de Castlereagh, pour autant que celui-ci abandonne toute idée de séparer Frédéric-Guillaume III de son partenaire russe.

À la suite du congrès de Vienne, il devient garant du nouvel ordre européen des nations. Il passe les années suivantes à manœuvrer pour conserver son pouvoir et maintenir l'ordre tant au sein de la

Confédération germanique nouvellement créée que dans les relations internationales. À la mort de François Ier d'Autriche lui succède le prince Ferdinand (1793-1875) qui n'a aucune compétence pour assumer sa charge impériale. Ayant le champ libre, Metternich devient le personnage le plus puissant et le plus influent, tant en Autriche que sur le continent européen. Il se voit même confier la formation du futur empereur François-Joseph (1830-1916). Son gouvernement prend fin en mars 1848 lorsque les émeutes à Vienne le contraignent à la démission. Lâché par Ferdinand, il prend le chemin de l'exil. Après un court passage en Angleterre, il revient sur le continent en 1849 pour se retirer à Johannisberg, dans la Hesse. Il meurt en 1859 à Vienne.

ALEXANDRE Ier DE RUSSIE

Né à Saint-Pétersbourg le 23 décembre 1777 de l'union entre Paul Ier de Russie (1754-1801) et de Sophie Dorothée de Wurtemberg (1759-1828), Alexandre Ier est formé à l'exercice du pouvoir par sa grand-mère Catherine II, et se trouve tiraillé entre les idées libérales inspirées par sa formation et le modèle prussien de gouvernement cher à son père.

Après le court règne de celui-ci, il monte sur le trône et tente de faire prendre à son pays un virage libéral, mais ses hésitations font échouer son projet. De 1804 à 1815, il s'occupe de l'extension du territoire russe vers le nord par l'annexion de la Finlande, prise à la Suède en 1808, et vers le sud par l'annexion de la Moldavie et de la Valachie (future Roumanie), alors territoires de l'Empire ottoman. C'est à propos des affaires polonaises que débute le conflit avec Napoléon qui conduit à la désastreuse campagne de Russie.

Membre de la dernière coalition qui provoque la chute de l'Empire français, il se distingue auprès des Français par son amabilité, mais aussi par sa générosité puisqu'il intervient pour limiter leurs pertes territoriales et pour adoucir le sort de Napoléon. Sous l'influence d'un mysticisme profond qui dégrade sa politique intérieure, il inspire toutefois au congrès de Vienne le concept de Sainte-Alliance, pacte de fraternité construit autour de l'idéal chrétien. Après ce congrès, le reste de son règne se caractérise par une certaine passivité face aux révolutions en cours en Italie et en Grèce.

Il serait mort au cours d'un voyage dans le Sud de la Russie le 1er décembre 1825, mais une autre version des faits affirme qu'il aurait terminé sa vie à Tomsk en 1864 sous l'identité de Fiodor Kouzmitch, célèbre starets (ermite) de l'Église orthodoxe russe.

KARL ROBERT, COMTE VON NESSELRODE

Né à Lisbonne le 14 décembre 1780, Karl Robert von Nesselrode est issu d'une famille de diplomates allemands au service de la Russie. Ancien aide de camps de Paul Ier de Russie, il devient conseiller d'ambassade à Paris et participe à toutes les négociations des traités de paix ponctuant les guerres napoléoniennes durant les années 1813 et 1814. Il est décrit comme un homme calme et plein de tact, mais trop effacé pour être vraiment remarqué. Il montre par conséquent quelques faiblesses lors du congrès et ne parvient pas à s'imposer.

Ministre des Affaires étrangères de 1814 à 1856, il devient ensuite chancelier jusqu'à sa mort à Saint-Pétersbourg le 23 février 1862.

LE CONGRÈS DE VIENNE

L'OUVERTURE ET L'ORGANISATION DU CONGRÈS

Le 22 septembre 1814, les chefs de délégation de la Russie, de l'Angleterre, de la Prusse et de l'Autriche se réunissent pour établir l'organisation du congrès. Ce jour-là, ils s'accordent pour que soit officiellement ouvert le congrès le 1er novembre, et rédigent ensuite un protocole définissant son fonctionnement ainsi qu'une déclaration à soumettre aux autres signataires du traité de Paris, à savoir la France, la Suède, l'Espagne et le Portugal. Il apparaît clairement que ces quatre représentants entendent contrôler tous les débats, de manière à n'accorder aux autres délégations qu'une participation de principe et à faire approuver ce qui a déjà été discuté entre eux.

Talleyrand est au courant de cette volonté de cadenasser le congrès et des dissensions qui existent entre l'Autriche et la Grande-Bretagne d'une part et la Russie et la Prusse d'autre part. En outre, il veut alléger le coût de la défaite et rendre à la France sa place dans le concert européen. Pour ce faire, il promet à Robert Stewart de soutenir les positions britanniques au congrès, telles que notamment l'abolition de la traite négrière et le retour des Bourbons sur le trône des Deux-Siciles. En vue d'élaborer des positions communes face aux quatre vainqueurs, il constitue un groupe de huit puissances comprenant les trois autres nations signataires du traité de Paris ainsi que le Danemark, les Pays-Bas, la Suisse et les États pontificaux.

Invité de manière informelle par Metternich le 30 septembre à une discussion avec le représentant espagnol Pedro Gómez de Labrador (1755-1852), Talleyrand proteste contre le protocole adopté par les quatre puissances et les force, au nom du droit international public, à inclure dans l'organisation du congrès tous les autres signataires du traité de Paris. Au cours de cette discussion, Metternich et Hardenberg utilisent notamment l'expression « puissances alliées », ce qui fait bondir Talleyrand :

Grâce à ce coup de maître, la France parvient à prendre sa place parmi les puissances dirigeantes du congrès, qui s'ouvre officiellement à Vienne le 3 novembre 1814. Conscients de son importance pour l'avenir de l'Europe, ce sont au total 15 familles royales, 200 princes et 216 chefs de mission diplomatique qui se côtoient à Vienne, devenue le temps d'un congrès la capitale de l'Europe.

Talleyrand parvient sans doute à inclure les autres délégations dans les travaux du congrès, mais les représentants des quatre grandes puissances n'abandonnent pas pour autant leur intention de garder la main sur l'ensemble des décisions. Au début figurait une commission des Quatre, chargée d'élaborer la marche à suivre dans les débats du congrès face à une commission des Huit, chargée, elle, de les approuver et de les soumettre aux autres représentants. Mais cette commission des Quatre se mue pendant un moment en une commission des Cinq incluant la France, jusqu'au retour de Napoléon.

Plus concrètement, l'organisation du congrès se compose de la manière suivante :

- un directoire comprenant le président, Metternich, et son secrétaire, Friedrich von Gentz (homme politique allemand, 1764-1832) ;
- 11 comités créés en vue de discuter des questions politiques et juridiques interétatiques ;
- six autres traitants des questions frontalières et de souveraineté touchant l'Allemagne, la Suisse, Gênes, la Toscane et le duché de Bouillon ;
- trois autres comités traitant les questions portant sur l'abolition de la traite négrière, la libre circulation fluviale ainsi que les rangs et préséances diplomatiques ;
- un comité de rédaction chargé de mettre par écrit les accords obtenus et de les intégrer dans un acte final ;
- une commission statistique chargée de faire le compte des populations et des territoires qui font l'objet d'échanges.

La Russie, l'Autriche, l'Angleterre et la Prusse sont de toutes les instances, ce qui leur donne la possibilité de garder le contrôle sur les décisions prises à la suite des travaux. Le génie de Talleyrand permet à la France d'être présente dans 8 commissions sur 11. Les plus petites nations en revanche n'ont presque aucune chance de donner leur avis.

LES AFFAIRES DE LA POLOGNE ET DE LA SAXE

Les affaires polono-saxonnes sont importantes, car ce sont elles qui retiennent le plus l'attention des principaux congressistes de Vienne et c'est là que se cristallisent les tensions entre les alliés.

Par sa victoire à Austerlitz sur l'Autriche et sur la Russie, Napoléon impose à l'empereur autrichien d'abolir le Saint Empire romain germanique. À sa place est créée le 12 juillet 1806 une Confédération du Rhin à laquelle adhère l'électeur de Saxe, qui devient roi sous le nom de Frédéric-Auguste Ier (1750-1827). À la suite du traité de Tilsit du 7 juillet 1807 est créé le grand-duché de Varsovie, à partir de territoires pris au royaume de Prusse – à savoir la Posnanie et la région de Varsovie. À sa tête, Napoléon place son allié et descendant de la famille royale polonaise, le souverain du royaume de Saxe nouvellement constitué, Frédéric-Auguste Ier. La Saxe et une grande partie de la Pologne se retrouvent donc réunies sous une même couronne, le tout aux dépens de la Prusse.

Quelques années plus tard, lors des négociations précédant le congrès de Vienne, les intérêts d'Alexandre de Russie et de Frédéric-Guillaume III de Prusse sont liés. La Prusse accepte de perdre définitivement ses territoires polonais au profit des Russes, pour autant qu'elle puisse obtenir la Saxe. En compensation, elle accepte d'offrir la Rhénanie au roi de Saxe. Après la chute de Napoléon en 1814, les accords entre les Russes et les Prussiens autorisent les premiers à organiser le territoire polonais.

Toutefois, leurs partenaires au congrès ne sont pas tous disposés à accepter un tel marchandage. Metternich et Castlereagh hésitent, mais ne voient tout d'abord aucun danger pour leurs pays respectifs à accéder à ces revendications. Soutenu par les autres États allemands, Talleyrand cherche au contraire à éviter que la Russie et la Prusse obtiennent gain de cause sur ces deux questions, pour des raisons d'équilibre entre les puissances.

À la fin de l'année 1814, le tsar Alexandre ordonne à son gouverneur en Pologne d'annoncer la réunion de la Saxe à la Prusse et de renforcer la présence russe à Varsovie. De son côté Hardenberg publie un projet d'annexion de la Saxe à la Prusse ajoutant que son roi ne modifiera pas sa position. Talleyrand s'offusque de cette initiative et critique le représentant prussien. S'il a reproché à Metternich ses hésitations face à ce projet, il reproche à Castlereagh d'avoir minimisé l'affaire polonaise et par là même d'avoir livré la Saxe à la Prusse. En constatant le renforcement de la Prusse en Allemagne et de la Russie en Pologne, Metternich finit par en comprendre les conséquences sur l'influence autrichienne en Allemagne. Il envisage de mobiliser l'armée autrichienne, mais doit trouver des alliés. Castlereagh pour sa part ne peut offrir mieux que des financements.

Alors que les troupes se préparent de chaque côté, une réunion de la dernière chance entre les représentants de la Russie, de la Prusse, de l'Autriche et du Royaume-Uni a lieu le 2 janvier 1815. À l'issue de celle-ci, Castlereagh se rend chez Talleyrand et, avec Metternich, ils s'accordent rapidement sur une alliance militaire signée le lendemain. Ces trois États prennent là un énorme risque, car ils n'ont pas les moyens de mobiliser autant de ressources. Si le contenu de ce traité doit rester secret, les Russes et les Prussiens peuvent néanmoins en deviner la teneur. Les tractations se poursuivent et les tensions retombent. Les 7, 9 et 12 janvier, la commission des Cinq nations se réunit pour parvenir à un accord.

Un compromis est trouvé et approuvé le 8 février : une partie de la Saxe est réunie à la Prusse, le reste est rendu à Frédéric-Auguste Ier, roi d'une Saxe amputée de 40 % de son territoire. La Prusse reçoit en compensation des forteresses sur l'Elbe, la Poméranie, un morceau de la Westphalie, quelques possessions hanovriennes et des positions sur la rive gauche du Rhin. En Pologne, la Prusse récupère la Posnanie et reçoit la région de Dantzig (l'actuel Gdańsk en Pologne). Pour sa part, l'Autriche récupère la Galicie, et le reste de la Pologne passe à la Russie sous la forme d'un territoire uni à la Russie organisé de manière autonome.

Tout le monde est enfin d'accord ; la guerre n'aura pas lieu.

LA CONFÉDÉRATION GERMANIQUE ET L'EUROPE DU NORD

Au début de l'année 1815, la réorganisation du Nord de l'Europe est abordée au congrès et le retour de Napoléon pousse les congressistes à conclure rapidement un accord. La Norvège passe du Danemark de Frederik VI (1768-1839), allié de Napoléon, à la Suède de Bernadotte, et l'île d'Helgoland est cédée à la Grande-Bretagne. Toutefois, le Danemark reçoit trois principautés allemandes voisines et, par conséquent, le droit d'adhérer en leur nom à la Confédération germanique.

Issue de la défunte Confédération du Rhin napoléonienne, la Confédération germanique est une communauté regroupant 35 États allemands indépendants, dont la Prusse et l'Autriche. La Grande-Bretagne y dispose d'un droit de regard, car son roi est aussi duc de Hanovre, de même que le souverain des Pays-Bas en tant que grand-duc de Luxembourg. Les dix séances de travail qui ont suffi à son élaboration ont aussi abouti à la rédaction d'une constitution allemande signée le 10 juin 1815. La Confédération comprend une

Diète fédérative. Cette assemblée représentative établie à Francfort et présidée par l'Autriche est compétente dans tout ce qui concerne les relations entre les États allemands.

Si la France semble retrouver une place de choix dans ces tractations, elle ne peut rassurer les quatre puissances qui prévoient de créer tout au long de ses frontières une ceinture d'États, que l'histoire a qualifiés d'« États tampons ». En ce sens, le congrès de Vienne concrétise leur volonté de créer un royaume des Pays-Bas englobant la Belgique et le Luxembourg, sous le sceptre de Guillaume Ier (1797-1888), fils du dernier *stadhouder* des Provinces-Unies. Metternich ne fait aucune difficulté au moment d'abandonner les anciens Pays-Bas autrichiens, trop éloignés de Vienne, puisqu'il parvient à obtenir en compensation l'intégration à l'Autriche de la Vénétie et de la Lombardie, fondues dans un seul État.

LE CAS DE LA SUISSE ET L'ITALIE

Puisque les guerres napoléoniennes l'ont aussi affectée, et dans l'optique de contrer toute velléité française de suprématie, il s'agit de garantir une Suisse perpétuellement neutre et assise sur des frontières solides. Un comité chargé de ces questions se réunit en novembre 1814, regroupant les quatre puissances auxquelles vient se joindre la France. Au terme des débats, sont décidés le rattachement de Neuchâtel et du Valais à la Fédération de Genève, et l'accroissement d'autres cantons aux dépens de l'Autriche, de quelques principautés allemandes et de la France, qui garde Mulhouse.

Vient ensuite le tour de l'Italie. Divisée par Napoléon entre royaume d'Italie, d'Étrurie, du Latium et de Naples, le congrès de Vienne s'attache à y rétablir l'influence des puissances étrangères.

L'Autriche veut sa part au nord et au centre ; l'Angleterre, des ports pour son commerce ; la Russie, des postes avancés ; quant au Saint-Siège de Rome, il revendique la reconstitution de ses États. Par conséquent la question se divise en trois parties. Si les congressistes s'accordent sur les territoires à concéder à la couronne autrichienne au Nord de l'Italie, quelques détails frontaliers restent encore à discuter. Au centre, il faut remettre le pape dans ses États, mais de manière à satisfaire l'Autriche.

Le sort de l'Italie du Sud reste suspendu au cas de Joachim Murat (1767-1815), roi de Naples et maréchal d'empire allié de Napoléon, que la France et l'Espagne veulent éjecter de son trône au profit des Bourbons. En effet, il s'avère non seulement que celui-ci ne rompt pas ses relations avec Napoléon, mais aussi que son idéalisme le pousse à la conquête de l'Italie. Battu par les Autrichiens, il meurt fusillé en 1815, et son trône revient aux Bourbons. L'acte final entérine la division de la péninsule italienne, constituée en dix États : le royaume de Piémont-Sardaigne, le royaume de Lombardie-Vénétie, la Toscane, Parme, Modène, Massa-Carrara, Lucques, les États pontificaux, les Deux-Siciles et Saint-Marin.

LES DERNIÈRES NÉGOCIATIONS

Le congrès de Vienne ne s'arrête pas malgré la menace engendrée par le retour de Napoléon, qui s'avère bref. Son expédition amène toutefois les coalisés à mobiliser leurs troupes pour l'arrêter définitivement à Waterloo le 18 juin 1815. Entre-temps, trois mois suffisent pour achever de tracer les contours de l'Allemagne, des Pays-Bas et de l'Italie. D'ailleurs, après l'ultime victoire sur Napoléon, il ne reste plus qu'à peaufiner le travail sur les questions transversales.

L'Europe du congrès de Vienne (1815)

Le règlement de la question portant sur la circulation fluviale débouche sur la création de normes sur la liberté de navigation sur les fleuves et les rivières ayant plusieurs États riverains, ainsi que sur une uniformisation des droits de douane. Concernant la question de la traite négrière, l'Angleterre en a proclamé l'abolition par une loi datée du 25 mars 1807, mais il reste à en définir les contours. De plus, pour qu'elle soit efficace, il importe que cette abolition s'étende à l'ensemble du continent européen. Face à des puissances coalisées en manque chronique de financements, il est aisé pour les Britanniques d'en faire une condition d'engagement de leur part. Cependant, au congrès de Vienne, si le royaume de France était d'accord sur le principe, Louis XVIII entend d'abord récupérer ses colonies avant de se pencher sur la question. Pour contourner la mauvaise volonté française, Castlereagh obtient des trois autres grandes puissances la formation d'une conférence particulière le 20 janvier où les doléances des uns et des autres sont discutées. Elle accouche le 8 février 1815 d'une déclaration qui condamne la traite des Noirs et prévoit la mise en œuvre de son abolition.

À partir de mai 1815, le travail avance à un rythme soutenu. La commission de rédaction aplanit la plupart des difficultés de forme. Le 29 mai est donnée la lecture d'un texte regroupant l'ensemble des articles, et le 7 juin, le texte est prêt à être signé. Deux jours plus tard, les représentants de l'Autriche, de la Russie, de la Prusse, du Royaume-Uni, ainsi que ceux de la France, du Portugal et de la Suède paraphent l'acte final lors d'une cérémonie organisée à la Hofburg, le plus grand palais de Vienne, en présence de toutes les délégations. Le 9 juin, le congrès est déclaré clos.

RÉPERCUSSIONS DU CONGRÈS

LA SAINTE-ALLIANCE

Le concept de Sainte-Alliance est né à l'issue du congrès, peu avant la signature de l'acte final, lorsque l'Europe s'unit face à Napoléon pour l'écraser définitivement. Après son abdication qui suit de quatre jours sa défaite, le tsar, le roi de Prusse, l'empereur d'Autriche, Castlereagh, Nesselrode, Hardenberg et Metternich ainsi que leurs conseillers se retrouvent à Paris pour préparer un second traité de paix à imposer à la France. Mais avant cela, les alliés doivent accepter le projet de Sainte-Alliance cher au tsar, qui propose de fédérer les puissances européennes autour des grands principes de la chrétienté : l'autorité de la morale chrétienne, la solidarité d'intérêts entre les dynasties, la religion, la justice et la paix. Il s'agit essentiellement d'une déclaration de principe conçue pour enterrer les révolutions et pour justifier toute politique visant au maintien de l'ordre par ses signataires.

LE CONCERT EUROPÉEN DES NATIONS

Au terme du congrès, les grandes puissances s'engagent à se surveiller mutuellement et à maintenir un état de paix générale, quitte à intervenir de manière ciblée pour protéger l'ordre établi à Vienne. Cet engagement est complété par les accords parisiens de la Sainte-Alliance et de la Quadruple-Alliance (Prusse, Russie, Angleterre, Autriche). La première joue un rôle à ses débuts, mais la Quadruple-Alliance devient rapidement plus effective. La France rejoint cette dernière en 1818, lorsqu'elle est à nouveau admise dans le cercle des grandes puissances.

Cette domination des grands est amendée au cours des années suivantes pour impliquer d'autres États dans les affaires qui les concernent. Le concert européen évolue ainsi en s'adaptant aux grandes modifications de la carte provoquées par les indépendances grecque et belge, et aux problèmes posés par le démantèlement de l'Empire ottoman. Les modifications unilatérales de l'ordre international ne sont plus tolérées, ce qui ne signifie pas pour autant que diverses annexions et modifications ne soient pas considérées comme légitimes, mais elles doivent désormais être accomplies en accord avec une norme juridique admise par tous. On trace la voie d'un consentement multilatéral et formel aux modifications de frontières. Grâce à Talleyrand, le vaincu avait droit au respect et à être entendu.

Ainsi, le congrès échafaude un ordre international qui va garantir à l'Europe près d'un siècle sans guerre générale, jusqu'à ce que survienne la Première Guerre mondiale (1914-1918).

UNE NOUVELLE GÉOGRAPHIE POLITIQUE

Au terme du congrès, la carte de l'Europe n'a plus grand-chose à voir avec celle modelée par les guerres napoléoniennes. La volonté des congressistes, épuisés par 25 années de guerre, est de jeter les bases d'une Europe équilibrée. La Russie est satisfaite en Pologne, mais elle est encadrée à l'ouest par la Confédération germanique et au sud par l'Autriche. La France n'est pas détruite, mais se trouve surveillée par des voisins renforcés : les Pays-Bas, le Piémont-Sardaigne et la Suisse. L'Autriche sort du congrès agrandie, mais sa monarchie est éclatée entre ses composantes allemande, italienne et hongroise.

Le grand vainqueur moral politique et économique du congrès est sans conteste l'Angleterre. La paix relance ses affaires ainsi que sa mainmise sur les îles stratégiques (Malte et Helgoland) et renforce son contrôle sur les routes maritimes. Grâce aux résultats obtenus par ses diplomates et à la croissance considérable de son économie, elle devient la seule superpuissance mondiale. Londres assurera même la paix durant plusieurs décennies en recréant la Quadruple-Alliance lors de la révolution belge en 1830 et du conflit anglo-français en Égypte dix ans plus tard.

La monarchie française restaurée parvient à se maintenir en l'état jusqu'en juillet 1830. La crise économique de l'époque et les poussées de l'opposition formée par les républicains et les bonapartistes poussent le roi à abdiquer de manière à ce que le trône soit repris par Louis Philippe d'Orléans (1773-1850), issu d'une branche cadette de la famille royale. En 1848, la question ouvrière et la revendication du droit de vote pour tous les citoyens amènent un nouveau soulèvement qui renverse la monarchie de Juillet au profit de la Deuxième République.

Enfin, les années 1870 et 1871 marquent le bouleversement de l'Europe centrale et du Sud. L'unification allemande s'effectue aux dépens de l'Autriche qui perd toute son influence en Allemagne, puis de la France qui perd l'Alsace-Lorraine, vaincue à la suite de la guerre de 1870. L'unification italienne s'enclenche à la même période à partir du Piémont-Sardaigne pour réunir tous les États italiens au sein d'un royaume unifié. Toutefois ces changements majeurs dans l'ordre voulu par les congressistes de Vienne n'affectent pas les bases mêmes de cet ordre : aucun de ces nouveaux États ne peut assurer sa prédominance sur les autres.

UN DROIT INTERNATIONAL PUBLIC

Le congrès, en traitant de questions transversales, pose les bases d'un État de droit international en rendant obligatoires certains principes : l'abolition de la traite négrière et la libre circulation sur les cours d'eau. Les souverains ne peuvent pas non plus faire comme si la Révolution française n'avait jamais existé. Il faut donc instaurer un droit public fondé sur des constitutions où sont inscrits les droits individuels. Il devient nécessaire pour le souverain garant de l'équilibre européen de canaliser les revendications sociales. Pour ce faire, il a fallu donner à chaque État tous les avantages auxquels il pouvait prétendre sans nuire aux autres. C'est le but principal de ce congrès, dont on va penser durant la première moitié du XIXe siècle qu'il a été atteint.

1789	Révolution française
1793-1797	Première coalition contre la France
1799-1802	Deuxième coalition contre la France
1805	Troisième coalition contre la France
1806-1807	Quatrième coalition contre la France
Avr.-oct. 1809	Cinquième coalition contre la France
1813-1814	Sixième coalition contre la France
30 mai 1814	Signature du traité de Paris
22 sept. 1814	Établissement de l'organisation du congrès de Vienne
1er nov. 1814	Ouverture officielle du congrès de Vienne
Mars 1815	Septième coalition contre la France
9 juin 1815	Signature de l'acte final

- La Révolution française amène l'établissement dans ce pays d'un régime inédit : la République, où la nation l'emporte définitivement sur la monarchie. Les puissances voisines inquiètes déclarent en 1792 la guerre à la France. Il s'ensuit une série de conflits que les Français remportent sur les monarchies européennes liguées contre eux. L'arrivée au pouvoir de Napoléon coïncide avec l'établissement d'un empire dont les succès militaires affirment sa prépondérance sur tout le continent européen. À partir de 1813, une campagne désastreuse en Russie amène pour Napoléon et son armée un enchaînement de revers qui aboutit l'année suivante à sa défaite à Paris. Entre-temps, la carte de l'Europe est bouleversée au profit de la France. C'est alors que les puissances coalisées (Autriche, Royaume-Uni, Prusse et Russie) décident d'organiser un congrès, à Vienne, en automne 1814.

- Dans l'organisation et le déroulement du congrès se détachent plusieurs figures de renom. Dans l'ordre de leur importance, citons d'abord Metternich. Cet homme politique et diplomate autrichien est la cheville ouvrière de ce congrès dont il assume la direction. Son objectif est de rétablir l'intégrité territoriale et l'influence de son pays en Allemagne. L'Anglais Castlereagh représente la Grande-Bretagne. Bien qu'il soit remplacé au cours du congrès, sa politique est de conforter la puissance britannique sur les mers et d'éviter l'avènement d'un État prépondérant en Europe. Ces deux pays s'attachent de concert à museler non seulement la France, mais aussi les puissances montantes. En effet, la Prusse représentée par Hardenberg et la Russie d'Alexandre Ier comptent obtenir des gains territoriaux de manière à étendre leur influence. La France vaincue enverra pour la défendre son meilleur diplomate et homme d'État en la personne de Talleyrand, qui parvient à s'insérer dans les débats.
- La première étape des décideurs durant ce congrès consiste en un remodelage de l'Allemagne et de la Pologne. La carte de cette partie de l'Europe est redessinée principalement au profit de la Prusse agrandie d'une partie de la Saxe et de la Rhénanie. Les territoires allemands sont intégrés dans une communauté d'intérêts présidée par l'Autriche.
- Si la Suisse reconnue dans sa neutralité connaît des changements mineurs, l'Italie est à nouveau bouleversée. Des royaumes italiens mis en place par Napoléon, on arrive à un ensemble de dix États. Le Nord passe sous prédominance autrichienne. Au centre se trouvent les États pontificaux restaurés, et le Sud, débarrassé des alliés de Napoléon, est organisé en un royaume indépendant.

- Les congressistes s'accordent sur l'essentiel du remodelage de l'Europe quand survient le retour puis la défaite définitive de Napoléon. Dès lors, il ne reste plus qu'à régler les questions auxiliaires, portant notamment sur l'abolition de l'esclavage, ainsi que sur la préparation de l'acte final signé le 9 juin 1815.

- Outre une Europe politique complètement redessinée, l'ordre monarchique chrétien instauré par le congrès de Vienne est globalement respecté durant quelques années. Les premières frictions apparaissent avec la révolution belge et la chute de la monarchie française restaurée, en 1830 puis en 1848. Vers 1870 se réalise l'unification de l'Allemagne sous l'égide de la Prusse, aux dépens de la France, et celle de l'Italie à partir du nord-ouest, aux dépens du Saint-Siège de Rome qui perd ses États. Toutefois, ce n'est qu'à la fin de la Première Guerre mondiale que cet ordre est définitivement aboli.

POUR ALLER PLUS LOIN

SOURCES BIBLIOGRAPHIQUES

- Berenger (Jean), *L'Autriche-Hongrie. 1815-1918*, Paris, Armand Colin, 1994.
- Bertier de Sauvigny (Guillaume de), « Vienne (Congrès de) », in *Encyclopaedia Universalis*, consulté le 16/08/2014. http://www.universalis.fr/encyclopedie/vienne-congres-de/
- Bertier de sauvigny (Guillaume de), *La Sainte-Alliance*, Paris, Armand Colin, 1972.
- Bogdan (Henri), *Histoire de l'Allemagne*, Paris, Perrin, coll. « Tempus », 2003.
- Bogdan (Henri), *Histoire des Habsbourg des origines à nos jours*, Paris, Perrin, 2002.
- Caron (J. C.) et Vernu (Michel), *L'Europe au XIXe siècle. Des nations aux nationalismes (1815-1914)*, Paris, Armand Colin, 2011.
- D'Arjuzon (Antoine), *Castlereagh, 1769-1822 ou le défi à l'Europe de Napoléon*, Paris, Taillandier, 1995.
- Kerautret (Michel), *Histoire de la Prusse*, Paris, Seuil, coll. « L'Univers historique », 2005.
- Lentz (Thierry), *Le congrès de Vienne. Une refondation de l'Europe*, Paris, Perrin, 2013.
- Marx (Roland), *Histoire de la Grande-Bretagne*, Paris, Perrin, coll. « Tempus », 2004.
- Renouvin (Pierre) et Durozelle (Jean-Baptiste), *Introduction à l'histoire des relations internationales*, Paris, Armand Colin-Pocket, 1991.
- Rey (Marie-Pierre), *Alexandre Ier*, Paris, Flammarion, 2009.
- Sédouy (Jacques-Alain de), *Le concert européen. Aux origines de l'Europe. 1814-1914*, Paris, Fayard, 2009.

- SÉDOUY (Jacques-Alain de), *Le congrès de Vienne. 1814 et 1815. L'Europe contre la France 1812-1815*, Paris, Perrin, 2003.
- SOUTOU (Georges-Henri), *L'Europe de 1815 à nos jours*, Paris, PUF, 2007.
- TALLEYRAND (Charles Maurice de), *Mémoires et correspondance du Prince de Talleyrand*, éd. Emmanuel de Waresquiel, Paris, Laffont, coll. « Bouquin », 2007.
- TULARD (Jean), *L'Europe de Napoléon*, Le Coteau, Hermatte, coll. « Histoire de l'Europe », 1989.
- WARESQUIEL (Emmanuel de), *Talleyrand. Le Prince immobile*, Paris, Fayard, 2003.
- WARESQUIEL (Emmanuel de) et YVERT (Benoît), *Histoire de la Restauration. 1814-1830. Naissance de la France moderne*, Paris, Perrin, 1996.
- ZORGBIBE (Charles), *Le choc des empires. Napoléon et le tsar Alexandre*, Paris, Éditions de Fallois, 2013.
- ZORGBIBE (Charles), *Metternich, le séducteur diplomate*, Paris, Éditions de Fallois, 2009.

MUSÉES ET BÂTIMENTS COMMÉMORATIFS

- Le Ballhausplatz à Vienne (Autriche).
- Le palais Dietrichstein-Ulfeld à Vienne.
- Le palais Kaunitz à Vienne.
- Le palais Hofburg à Vienne.

www.50minutes.com

Éditeur responsable : Lemaitre Publishing
Rue Lemaitre 6 | BE-5000 Namur
info@lemaitre-editions.com

ISBN ebook : 978-2-8062-5978-3
ISBN papier : 978-2-8062-5979-0
Dépôt légal : D/2015/12603/150
Photo de couverture : réputée libre de droits.

Conception numérique : Primento,
le partenaire numérique des éditeurs